Y SE QUEDARÁN LOS PÁJAROS CANTANDO

Antonio Castro Sánchez

Colección ites

Y SE QUEDARÁN LOS PÁJAROS CANTANDO

© Antonio Castro Sánchez
© Palabras iniciales: Basilio Sánchez
© Ilustraciones: María Pírez Carrasco
© de esta edición: Olé Libros, 2024

ISBN: 978-84-10053-24-3
Depósito legal: V-1726-2024
Impreso en España

KALOSINI, S. L.
Grupo editorial olélibros
equipo@olelibros.com
www.olelibros.com

Para Mari, mi amor, mi casa, mi vida.

Escanea este QR
y podrás escuchar mis poemas en este audiolibro

LA POESÍA COMO AGRADECIMIENTO

La materia de la poesía son las palabras, pero las palabras que el uso ha ido gastando, esas palabras sencillas y cotidianas con las que conseguimos aproximarnos a los otros en lugar de olvidarlos en el entusiasmo de la elocuencia, como decía el filósofo Emmanuel Lévinas.

Hay libros, como este de Antonio Castro Sánchez, *Y se quedarán los pájaros cantando*, que están escritos con la humildad de esas palabras. Su poesía tiene el rumor minucioso que rodea a las cosas entrañables, a los trabajos que se realizan con las manos, a las relaciones entre las personas fundadas en el amor y en la piedad. Uno se abandona a la marea delicada de sus palabras sabiendo que nada hay de superfluo, que todo obedece a una exigencia de lentitud que ellas mismas se imponen para acercarse a las cosas importantes, que son, precisamente, las más frágiles, las más desamparadas. Uno se reconcilia consigo mismo cuando entra a formar parte de esos espacios esenciales y de esas representaciones tan elementales como hermosas con las que teje el poeta sus cielos solitarios, sus seres temblorosos, sus paisajes callados y sencillos en los que todo es leve y rezuma gratitud.

El pájaro es el símbolo de todo lo que existe en su plena fragilidad, pero es también la imagen de lo que a cada momento se nos escapa, de lo que sigue cantando sin nosotros. Como escribe Simone Weil, «una condición de la extrema belleza es la de estar casi ausente, ya sea por la distancia o por la debilidad», lo que quiere decir que solo lo que es lejano o débil es importante, solo lo que es modesto o quebradizo es hermoso, la extrema belleza nunca es obvia, ni fulgura, y es por eso por lo que logra conmovernos.

Hay un poderoso impulso reflexivo en esta forma de escritura que quiere ser, y esto me parece importante, generosa con todo lo que existe y que promueve una profunda afinación de los sentidos para captar las infinitas sutilezas de un mundo que continúa asombrándonos en su serena permanencia. Poesía celebratoria, pero sin estridencias, que se coloca voluntariamente en la periferia de las cosas, en el margen, en la afabilidad de las pequeñas ciudades de provincia para acceder, con toda la franqueza y claridad de sus palabras, a lo absoluto, a ese centro esencial al que en ningún momento se renuncia.

Basilio Sánchez

... Pero la luz está ahí,
ya han despertado los gorriones,
se oye la vida que aletea...
JESÚS MUNÁRRIZ

I

Respiro la mañana,
miro su desnudez ante mis ojos.
La observo acariciar el valle con sus dedos.

En este sortilegio de luz y de sonido
donde el fin aparece tan lejano
todo es gratitud,
hasta la sombra guarda ilusión de permanencia.

El día se desliza con humildad de agua.
La curruca parece agradecer la vida
cantando entre las jaras.
                                    ¿Qué más pedir al mundo?

Pero el corazón sabe también de la tristeza,
del llanto encarcelado, del amor y las lágrimas,
la soledad, la guerra, la miseria y el hambre.

El corazón acoge la mañana perfecta
con emoción de niño.
                              Esta mañana virgen
de belleza impagable que mis ojos mancillan
mirando al horizonte,
                              ya pensando en la tarde
y con ella el ocaso
                              y el ruidoso silencio de las aves.

Siente mi corazón su corazón hermano,
la tragedia sin fin, la belleza sin límites,
el palpitar del mundo,
                              el infinito.

II

Amanece con prisas.
Ni siquiera el *adagio* de Mozart
consigue mitigar el afán que se agolpa
en el ávido cuenco de mis ojos.

Un tropel de alas enjauladas
se hacina por salir, como si el día
no alcanzara su final en la noche.

Mi alma se apacigua en los violines
—calmada sementera—,
pero mi corazón golpea los barrotes
sin paciencia ni pausa.

¿Tanto apremio para llegar a qué?
A dejar la vida inacabada,
inconclusa y pobre como un mal verso.
Tanto galope triste sin ningún objetivo.

Este lugar de urgencia solitaria
donde mi ser habita
nada tiene de acogedor ni cálido.
Y sin embargo busco exprimirlo hasta el tuétano.

Lo rechazo y lo admito
con pudor infantil e impudicia de anciano.

Mi vida es un galope de mañanas,
un túnel de aristas y perfiles inconexos
desfilando feroz,
una tramoya de oscuras siluetas
donde mi sol también negro amanece.

Ignoro todavía si quiero preguntarme
si cantarán los pájaros
cuando el olvido sea
                    mi hogar definitivo.

III

Despierta la mañana con señal de cansancio
como si el propio día
tuviese constancia del ocaso.

Descubro en esta luz
que debiera llegar con el brillo del cosmos
un atisbo de sombra, como si ya supiera
que una parte de sí también es noche.

En esta paradoja del color
todo futuro se me antoja extraño,
con la propia inquietud del que ya sabe
que todos los pasos conducen al otoño
y que las alas llevan en sus plumas tatuada
la canción del viaje.

IV

La certeza de ser en esta hora
que barre las esquinas del cielo
llena de gratitud mi corazón,
de pesadumbre mi alma ante la nada.

¿Qué parte de mí será futuro?

La luz tal vez que cubre
de lirios y amapolas
las espaldas del río.

En esta luz
                que solo la retina
transformará en memoria.

En esta hora
que solo el corazón puede nombrar
y conceder refugio.

En este rincón intangible
que no es recuerdo ni tampoco olvido.

Ser aquí.

En este irrepetible instante
pleno de zozobra y vida.

Estar aquí
para dar testimonio del ocaso.

En este amanecer
de color, de nostalgia y de inquietud
que se lleva

        dulcemente el río.

Un pájaro tan solo
canta.
El aire multiplica.
Oímos por espejos.
FEDERICO GARCÍA LORCA

V

Miro la caprichosa forma de los árboles
su peculiar manera de abrazar las nubes
el íntimo secreto que guardan con el agua
su pasión descarnada con la tierra.

¿Qué les hace crecer y mantenerse?
¿Qué fidelidad no escrita con el tiempo?

Miro también mis manos,
                    sus raíces,
el bosque de palabras
                      que me anuncia,
los nombres que me ligan a las cosas que amo.

Voy palpando las caras del mundo, reconozco
en ellas mi perfil, la savia que nos une,
 el árbol que me habita desde lo más profundo.

Descubro las aristas, el despiadado filo
que cercena los sueños, el socavón sin fondo
de los miedos y el odio donde las hachas duermen.

¿Qué mágica intuición me separa del fuego
y me acerca a los pájaros?

Siento mi corazón al de la tierra unido,
mis pulmones al aire que entre las hojas vive.
Percibo cómo nacen lentamente las flores
rodeando mis pies, cómo se va nutriendo
de semillas el alma.

Me late la esperanza del verano en los ojos,
noto cómo los frutos maduran en mis ramas,
mis dedos,
        mi corazón
                de árbol.

VI

¿Y qué decir del tiempo?

¿Acaso la palabra
puede dar explicación de su esencia,
su alcance, su medida?

Siento en mí su extensión,
la magnitud de lo que soy.
Sumiso me doblego ante su tiranía.

La paradoja de saber
que apenas seré un punto imperceptible
de su dimensión eterna.
Y tener sin embargo la certeza
de que mi finitud, de alguna forma,
es por igual también su propio límite.

Todo final es un comienzo,
una puerta que se abre a lo desconocido.
Nada tiene su término,
como el tiempo (mi tiempo) no se mide en segundos
ni se cuenta en minutos ni en horas ni en días.
Ni siquiera la vida es medida de nada.

Tan solo la memoria con su alma de pájaro,
de árbol o de ola

puede dar testimonio de mi paso,
mi tiempo
            que se funde con el tiempo.

VII

Permanencia del mundo
a la orilla de agua.

No queda espacio aquí
para cantar la muerte.

En el mural de rostros
se diluye la música.

Qué cercana la vida en esta melodía.
Qué manantial de sueños deshojando futuro.

En esta claridad que no contempla
aún el precipicio,
en esta algarabía de jóvenes bandadas
revolando la tarde con la sed de sus cuerpos.

Cómo fluye la savia, sus risas en la noche.
La plenitud del río desciende por sus alas.

Nada será más bello que su trinar al viento
sin herencia de culpa en estas horas,
este sagrado tiempo que conduce al mañana
donde habitan mis pasos.

VIII

Nada.
¿Qué me lleva a pensar
en algo tangible, algo concreto?
Ni siquiera el aire que lo sostiene
dueño será del canto del jilguero.

No tiene el horizonte más sueños ni utopías
que el pozo de una mina.

Por qué esta vana ilusión entonces,
qué me mueve a rumiar el futuro,
cual si mi paso aquí mereciese una dádiva.

¡Qué mejor paraíso que la presente luz
sin origen ni forma!
¡Qué mayor esperanza
que ser parte consciente del ahora!

¿Qué me induce a esperar
el don impredecible de lo eterno,
la melodía imprecisa del mañana?

Nada.

Los silbos que perduren
tras de mí nunca serán míos.

El intento baldío de querer retenerlos
nada será también,
tan solo una quimera
                    de la vida,
igual que la palabra.

... ¡Qué fácil es volar, qué fácil es!
Todo consiste en no dejar que el suelo
se acerque a nuestros pies.
Valiente hazaña, ¡el vuelo!, ¡el vuelo!, ¡el vuelo!...

ANTONIO MACHADO

IX

¿Qué miradas esconden estas aguas?
¿Qué lunas de pasión y de temor
tras el brocal que fuera ilusión inalcanzable?

En este manantial de sueño líquido
esparcimos estrellas cual semillas.
En este proverbial acuífero tuvimos
la alquimia a nuestro alcance.

Dime tú ahora si este pozo
memoria guardará de nuestras risas
o velará tan solo
la musical herencia de las piedras,
el alud del tiempo.

X

La mujer ha salido al vano de la puerta.
Apoya displicente su hombro sobre el quicio,
humea entre sus dedos un cigarro.

Tienen sus gestos algo de abandono.
La mirada perdida, de derrota tal vez,
de sueños incumplidos,
quién sabe también si de añoranza.

Nada sabemos en realidad de ella.
Todo en nosotros es suposición,
conjetura de algo imaginado.
Trasladamos a ella nuestros sueños,
el amor imposible que se fue
o que jamás tuvimos.

En esa forma de mirar el mundo,
que desconocemos, pero que intuimos,
se halla, o nos parece, la solución de todo.

La calima neblinosa de julio
desertiza las calles,
ni siquiera los pájaros se atreven
a trinar en la sombra.
Tan solo la mujer reúne la osadía
de retar al fuego del estío.

Ignora nuestro paso.
No levanta sus ojos.
Nada parece importarle del mundo
en este preciso instante.

Y es, sin duda, esta indiferencia
teatral y mitológica que envuelve su figura
lo que nos atrae y nos imanta
de forma desmedida.

Firmaríamos en blanco
con tal de conocer su pensamiento,
con tal de poseer
la clave de esa mirada
donde la eternidad se funde,
donde tenemos la certeza
de hallar nuestro refugio,
el descanso y la paz
                    y también la esperanza.

XI

Me pregunto si puede una sonrisa
conceder esperanza,
otorgar explicación a las dudas,
a todas las preguntas que habitan en el aire,
a toda la inquietud que mora en nuestra sangre.

Me pregunto si puede la certeza
del tiempo permitir la luz de la ilusión,
una página en blanco donde escriban los árboles
su postrer testimonio.

Una blanca sonrisa
poblada de dulzura, como hierba de marzo,
ingenua, fresca y libre
a la deriva, franca, con el don de la luz
como regalo propio,
dadivosa de sol entre sus labios,
sembrando la mañana de alegría,
regalando futuro a cada paso
sin más obligación
                    que su propia hermosura.

XII

Cada rostro que miro
guarda en sí todos los rostros del mundo.

En sus arrugas leo
idéntico camino al de mi tiempo,
las mismas herraduras
hollando, cual las mías, sus mejillas.

La luz de sus retinas
ya durmió bajo el hueco de mis párpados.

Todas las caras son
el mismo dios de sueño y barro
que bajó de los árboles.
Ni la piel ni la voz
ni la distancia son impedimento
para que no me sienta reflejo en los demás.

Nada contemplo en otro
que no se halle en mí de forma exacta.

Todo es sudor y pájaros,
vida real como las piedras
y quimeras trazadas en el aire.

Nadie se lleva hacia la nada
algo que ya mi corazón no tenga.

Hojas de niebla son
la sorpresa, el temor,
la duda, la esperanza...
                    Trinos en el otoño,
testimonio sonoro del verano que fuimos,
triste, vano intento
                    de permanencia.

... Pájaros perdidos de verano vienen a mi ventana,
cantan y se van volando.
Y hojas amarillas de otoño, que no saben cantar,
aletean y caen en ella, en un suspiro...

RABINDRANATH TAGORE

.

XIII

Rendirse ante el prodigio
de las tardes de mayo.

El musical arpegio del ruiseñor bastardo,
la coguta humilde, el polifónico mirlo,
el gutural repique del triguero...

Tener la convicción
                    de que la nada
tiene más de abandono,
                    de olvido
                              que de ausencia.

Es la paradoja del silencio que acompaña mis pasos
quien otorga salida. Esta callada algarabía
de trinos al ocaso quien concede respuesta.

La presencia es parte del recuerdo,
como la sal habita también en nuestras lágrimas.

Revivir en el aire,
en el eco del canto y la palabra.
Permanecer como voz,
                    como sueño,
cual semilla que cae y se renueva en vida.

Esperanzada savia que se eleva
en pos de la quimérica
                    promesa de las nubes.

XIV

La piedra se yergue hipnotizada,
no se sabe muy bien si por culpa del tiempo
o del propio reflejo
de su alma en el alma del río.

Ese permanecer es lo que asombra,
esa quietud enhiesta tan fiel ante el silencio,
sumisa tan solo al oleaje
del viento y de las alas.

En esta vespertina
                    soledad
de arcilla y lumbre,
cuando ya todo es frágil,
cuando dejar de ser
                    no es ya misterio
ni dolor ni temor, sino certeza,
abandono la sombra que me habita
y torreón me alzo sobre mis pies de roca.
Basalto soy,
tronco de encina,
acebuche, granito, alcornoque y pizarra,
centenaria raíz buscando el agua.

Una orquesta sin dueño
                    en los alisos

se convoca en la noche,
en esta luz maciza de cantueso
que cubre lentamente la dehesa.

Comenzar a no ser
es otra forma de sentirse vivo.

XV

La noche trae su silencio
cual se desplaza el búho en las tinieblas,
lentamente.   Con aliento de piedra
llega, con el siseo quejumbroso
de la lechuza horadando las sombras,
cuando la madrugada todavía
desmaquilla su faz.

En noches así
es sencillo pensar
que todo seguirá inmutable,
dejarse convencer por el sedoso roce
del aire en las agujas de los pinos,
el pespunte luminoso y fugaz
de las luciérnagas,
olvidar el misterio que permanece oculto
bajo la tiranía de las horas.

Fácil es abandonarse,
dejar que las quimeras
usurpen el espacio de los sueños.
Ignorar el camino de tránsito obligado
y esperar que la noche (esta noche)
                              no permita
el matinal alborozo de los pájaros.

XVI

Cuando llega la noche
reptando desde dentro, apagando las luces,
rellenando de oscuro las rendijas del alma,
las señales que pueden venir en nuestro auxilio.

Cuando llega la noche
tapiando las ventanas para que el sol no pueda
colarse en nuestra casa
—ya castillo de niebla en donde el cuervo reina—
y se torna en quimera abril con sus gorjeos,
¿qué podrá rescatarnos?

En esta obscuridad
sin sonrisas ni pájaros,
cuando los versos gimen torturados y ciegos,
donde todo es mudez, carbón y no conjuros
que convoquen la luz,
¿qué lugar encontrar para esconder la vida?

Esta noche que viene
                    en nuestra búsqueda,
con todos nuestros miedos a la carga,
solo puede calmarse
pronunciando tu nombre.

En esta noche aciaga
solo tu amor nos brinda la salida:
sumergirnos en ti como al mar se penetra,
espuma tras espuma en cada ola,
y esperar que tu paz
                    llegue y nos salve.

... Take thy beak from out my heart,
and take thy form from off my door!
Quoth the Raven "Nevermore"...

EDGAR ALLAN POE

XVII

Nuevamente aquí
maldiciendo la historia.

La quijada en la mano, como si hubiera el mundo
perdido las palabras.

Como si herederos malditos
de un conjuro sin nombre
naciéramos sin lengua, sin boca en nuestros rostros.

Repetir,
        repetir este destino
de semidioses ciegos,
sin más alternativa
que el furor y la pólvora.

De nuevo en este punto de violencia sin nombre.

Cuesta sentirse humano
en mitad de la ciénaga,
cuando abandona el aire los últimos resquicios
de esta casa quemada.

Cuesta pensar que suenen
en mitad de la noche los trinos de los pájaros.

Esclavos de la piedra
                        seguimos,
sin amarrar el odio,
sin descoser los labios al futuro

y consentir que sean las palabras,
no las fauces abiertas,
quienes muestren la luz
                    y los caminos.

XVIII

Hay un gesto trivial que domina el mundo.
Un gesto sin fronteras,
un espejo sin fondo donde mueren
el tiempo y sus afanes.

Un manantial de ojos enceguecidos
invade las pantallas,
esa alma indecente de todos y de nadie.

Conocer el dolor no es garantía
de salvación alguna.

Es el precio de un verso,
el valor de una lágrima lo que se pone en juego,
lo que se mide y pesa en la balanza
de este mercado anónimo.

Gravita la piedad sin llegar a posarse,
sin encontrar lugar ni hallar espacio
en esta plaza de abastos clandestina.

Todo esfuerzo es inútil
contra el pacto de gestos
                              y de máscaras.

Las ilusiones seguirán soñando
ajenas al trueque y los disfraces.

Y seguirá también
                    rodando el mundo
y todo seguirá como si nada.

Todo parecerá distinto
en el convexo espejo de la vida,
y todo será igual
                    menos nosotros.

XIX

No quiero recordar
los años en que tuve forma humana,
reniego de mi ser y de mi especie,
de todo lo que fui cuando la tierra
era parte de mí y no lo supe

ver,
no supe comprender ni buscar
lugar a mis raíces.

Miraba el mar y solo mar veía,
levantaba mis ojos hacia el cielo
y solo contemplaba nubes,
las hojas se doraban y caían
un año tras de otro
y nunca vi más allá del otoño.

Mas ahora que toco

la luz
—en esta dimensión donde el color es vida,
donde la muerte sueña con ser día
y todo cabe
en este oscuro túnel que jamás termina—
busco ser otra cosa lejos de lo que fui.

Quiero ser agua,
sentirme agua,

agua consciente de sentirse agua,
agua que dance alegre, diamantina
por entre los guijarros eternos.

Ser, para los demás, tacto de agua,
espejo nada más para sus ojos.

Permitir que la esquiva lavandera
dirija el pentagrama de las ondas,
que el proyectil azul del martín pescador
mi corazón perfore,
             que mi recuerdo quede
perdido en la ribera, en agua convertido,
colgando de los picos humildes de las tórtolas
y con ellas emigre
             cuando llegue septiembre.

XX

Ando por un camino
ensoñador de albero
que baja hasta las huertas.

Encauzada cual sierpe riega el agua la vega.
Una gama de verdes innombrables
multiplica la luz,
                              en la ribera
llueve trinos de pájaros.

Me siento bendecido por el aire
que levanta mis pies,
por el recóndito arrullo que llega
desde el cañaveral.
Contemplo absorto
el vuelo de las aves,
su enigmático idioma dibujado en el viento.

Paladeando el sabor de este bullicio
de color y de alas y de hojas
que saboreo en paz,
                              pienso en el caos,
en el orden ignoto
que rige el universo.

Pienso en nosotros,

en los seres humanos
—temporales inquilinos del mundo,
rumiadores de sueños,

buceadores sin límite de afanes—.
¿Qué demiurgo podría soportar este peso,
el soplo creador
de este ser bipolar
codicioso y altruista,
generoso y perverso
que todo lo destruye y nada teme?

Pienso si yo
—partícipe obligado de esta especie—
pudiera conseguir de alguna forma
devolver a la tierra, los árboles, el agua,
esta paz, este olor, estos colores...,
y dejar en herencia
                    para mi alma egoísta
la dulce algarabía de los pájaros.

XXI

Regresan los vencejos remolcando en sus alas
cuántos gritos humanos, sus silencios.

Vuelven las golondrinas, añorando balcones
donde colgar sus miedos,
                    el horror no contado
del mar, el abandono, el pánico en las olas,
la sórdida mudez sobre la nívea espuma.

Regresa la oropéndola,
su áureo plumaje enlutado de espanto.

Tornan todas las aves
como la sangre torna sumisa al corazón.

Pero tú no regresas.

Quien pronuncie tu nombre lo hará sobre el vacío,
nadie pondrá su mano
                    jamás sobre la piedra y su
memoria.

¿Quién te vendió este sueño,
codorniz en la arena?
¿Qué perverso destino
enardeció tu vuelo?

Mi corazón espera, en agua y sal fundido,
tu añorado regreso
                    en otra primavera.

XXII

¿Qué respuesta esperamos
de la voz si no puede
publicar lo que sabe?

¿Qué explicación plausible
a la mudez del alma,
al ocaso marchito
de una ciudad sin pájaros,
al infame derrumbe
que dejan los cañones
                    cuando callan,
al perfecto silencio de la muerte?

¿Qué negra incertidumbre,
qué futuro alambrado
nos acecha impaciente?

No es fácil digerir
la culpa, el abandono
que dejan las palabras
en su cobarde huida.

Yo también soy culpable
de callar y vivir
a sabiendas del fuego,
del dolor y del hambre,

de saber con certeza
el cadalso que aguarda
a las flores, al viento,
los pájaros y al agua.

Verdugo soy con mi propio silencio
de la voz que debiera
reivindicar las nubes, los líquenes, el sol,
las manos y la tierra.

Entre la nada y yo
queda tanto infinito que reclamar a voces,
cuánta luz enjaulada que liberar a gritos,
tanta olvidada lágrima por todos los rincones
de las almas, del mundo...
                    Tanto misterio.

... Pienso en otros otoños
que ya no tengo delante
y en otro viento
surcado de vencejos delirantes.
Pienso en el río
para quedarme al margen...
MANUEL ALCÁNTARA

XXIII

Cuando todo parece tristemente agotado,
los días repitiéndose con el mismo cansancio,
abrumada la luz en su baldío intento
de capturar los sueños prendidos en el aire.

Cuando cualquier deseo
en especie abisal parece transformarse
y ni siquiera el llanto de la lluvia
enjuagando el polvo
de los brezales me redime y me salva.

Cuando la infinitud
se me muestra como la boca insomne
de un volcán en reposo,
con qué voracidad se presentan los miedos.

Ni el cálido refugio del canto de las aves
consigue mitigar esta zozobra.

Eres tú quien rescata
mis pesares del fuego.
Eres tú quien apenas entreabriendo los labios
me viertes al oído la paz y la esperanza,
el mensaje que todo náufrago necesita
para luchar muriendo, para nadar soñando,
para seguir con vida.

XXIV

Todo esto que ves,
que oyes sin comprender,
también es canto.

Melodía que eleva
sus raíces como si fuesen nubes.

Es tu verbo quien da sentido a tanta sombra,
tu voz quien alimenta el musgo de las rocas.

Este mundo que vibra, que tiembla bajo tus pies,
cobijo les dará a las criaturas
que nazcan del cristal y no del hierro

¡Ay, huracán de ayer erguido frente al sol!

Se llevó tu furor la cloaca del tiempo,
sucumbió a la canción
del jilguero, al vuelo de la alondra,
a la memoria de las golondrinas.

Solo queda de ti bajo estas losas
el hielo de tus frutos,
                         los anhelos,
                                       los sueños.

XXV

La belleza está ahí.
Fiel permanece en su equilibrio.
Nada de mí necesita.

Levanta sus cimientos
en la cresta del mar,
sobre la roca viva,
por encima del aire.
Como mantiene con su pata erguida
la torre la cigüeña,
como doma el junco la voluntad del viento,
lo mismo que reside
en la menuda garganta de los pájaros
su hermosa partitura,
la sombra de los riscos bajo el ala del buitre,
la nostalgia del fresno en el lecho del río...

La belleza perdura
al margen de los ruidos,
                    en la orilla del eco.

Un vano atrevimiento
me inclina a suponer
que la miope mirada de mis ojos
fuera la precaria medida
de toda la armonía que sostienen
los dedos de las nubes.

Esa misma osadía
que me sueña inmortal
y me transmuta en juez
                    de la belleza.

XXVI

¿Perseguimos el fin
o es él quien nos persigue?

Contemplo los ojos que tantas veces
he mirado, su destello, su luz,
el amor guarecido tras los párpados,
las manos con que poda
los geranios con mimosa destreza,
el jazmín, las hortensias,
el gesto involuntario de su cuello
al apartar los rizos de la frente,
la sonrisa que cae
como rocío sobre los parterres.

Procuro no pensar en el mañana
en esta mañana que me regala
el don de la caricia,
que me otorga el presente
del sol y de los versos.

Un chamariz levanta
su trino pregonero
en la rama más alta del castaño,
su mínima sombra se agiganta
y se posa en el suelo levemente
como un recorte de aire.

Reconforta saber que detrás de nosotros,
más allá del final
que tenaz nos persigue
                              (que ciegos perseguimos),
se quedarán los pájaros cantando.

... Despiértenme las aves
con su cantar sabroso no aprendido;
no los cuidados graves,
de que siempre es seguido
el que al ajeno arbitrio está atenido...
FRAY LUIS DE LEÓN

XXVII

Pasan las personas como un río
sin percibir siquiera el cauce que las guía.
Contemplo su quehacer.
Flotando, a la deriva, discurre una pregunta.

La respuesta del agua,
                de las piedras,
se dibuja en los rostros anónimos
que bajan a la búsqueda de un mar inaccesible.

Observo en sus miradas un reflejo convexo de la mía.
Me pregunto si cargan, como yo, con el fardo
del futuro, la angustia irresoluble
de su propia ignorancia.

Este río de calles
arrastra consigo todos los anhelos
como trozos de corcho sin origen
con su final de barro, de sueños y de dudas.

En este cauce de miradas frías,
esquivas y fugaces
                me sumerjo.
Soy una hoja más.

Libero mis raíces, me abandono
a voluntad de la corriente,
dejándome llevar, pero sabiendo
que una parte de mí también es roca,
canto rodado fiel a su destino.

Pertenecer a todo,
pero ser uno mismo.

XXVIII

En este avispero sin sentido,
este enjambre ruidoso y sin colmena
donde mis pies habitan sin consuelo,
busco la voz perfecta entre las voces,
el vínculo perfecto
que me una y me reconcilie
con esta multitud sin paradero.

En esta mañana de nubes sucias,
en este arroyo de voces hueras,
en esta soledad sin adjetivos
nada me parece perfecto.

Ya no me quedan fuerzas
para quemar las naves.

Distingo los anhelos
que enturbian lentamente el cielo de este día.
Entre todos, mi afán descuella solitario.
Mi manera de contemplar el mundo
bucea más allá del horizonte.

Me pregunto si mantendrán los pájaros
ánimo para cantar tanta brega sin fin,
tanta codicia estéril,
tanto abandono,
posados en las ramas
                    del árbol del olvido.

XXIX

Hay un clamor sin fin,
un trasiego de sueños.

Hay un ruido de huesos buceando en las calles.

Busco el ritmo apagado
                    de estas voces
que cuelgan de los árboles,
el discurrir del río que inunda las miradas.

Persigo la fatiga insomne de las almas,
ese trajín de hormigas que puebla cada instante,
el espacio sin dueño donde crecen
los nidos del mañana,
los anónimos cantos,
el aluvión de anhelos bullicioso y constante
que nos lleva y me lleva
hacia la mar
                    la nada.

XXX

Es difícil saber cuánta ilusión
se guarece en las venas.
Qué parte del torrente
transfundimos del asfalto a las nubes,
cuánta porción de olvido,
como la cicatriz que dejan en el aire
con su vuelo las aves.

¿Será milagro esta ilusión?
¿Terca pirámide en el tiempo?

Estas preguntas que alimenta el polvo
no pueden tapiar una sonrisa,
enturbiar el flujo de la savia,
su ascensión alegre con afán de infinito.

El moho del fracaso
no podrá convertir en espejismo,
en sucio escaparate ni en deformada máscara
la fuerza ni el anhelo que ocupó tantos días,
tanto delirio virgen envolviendo los sueños.

Puede que sucumbamos
                              al olvido,
al tamo de las horas, al tirano bajel
del tiempo y sus medidas,
                              barro nunca
será aquel momento.

En esto consiste la esperanza,
en tener la certeza de que fuimos,
                              y alguien
sembrará con nosotros
                    su futuro.

XXXI

¿Cuánta belleza late, cuánta muda esperanza,
en las luces que buscan su lugar en la noche?

¿Cuánta ilusión perdida
van vistiendo las sombras mientras duermen los pájaros?

Este bosque de almas oculto a las farolas
en trasiego constante,
cuántos nidos esconde que el ojo no percibe.

La noche no descansa jamás tras estos muros
de ilusiones y viento.

Este loco ajetreo de cárabos sin luna
al acecho de presas es sin duda mi mundo.

También en esta noche, cuyo fin desconozco,
mi corazón persigue
                        su destino,
un espejismo solo.

*... Y yo me iré; y estaré solo, sin hogar, sin árbol
verde, sin pozo blanco,
sin cielo azul y plácido...
Y se quedarán los pájaros cantando.*
JUAN RAMÓN JIMÉNEZ

XXXII

Tal vez el abandono
sea la sensación postrera.
Dejarse vencer
sin resignación ni lucha,
tan solo el sentimiento
de levantar el lápiz
                    y asumir
que no seré yo quien escriba
el último verso,
quien otorgue sentido a este poema
que llamamos vida.

Lo comprendo ahora, observando el temblor
de la última hoja del roble en este otoño
que enreda sus cabellos en el valle.

Y aun sabiendo que nada detendrá su caída
ignoro mi dolor y prevalece
la caricia del viento, el rubor de la tarde,
y percibo la tierra
dando nuevo sentido a mis raíces,
las manos invisibles que se alzan
para acunar la hoja,
                    mi vida
                              que desciende.

XXXIII

Llevo tantos poemas en mitad de la sangre,
cuántos rayos de luz sin nombre todavía.

Esta noche demanda mi promesa de música.
¿Qué castigo de dioses me fue en don convertido?

Siguen cayendo piedras sobre mi corazón
tan lejos del alud, tan próximo al derrumbe.

Las palabras exigen la certeza del mundo,
su luz tan necesaria, palpitan con firmeza,
con furor verdecido y constancia de árbol
cuando el estío llega.

¿Qué nudillos golpean los portones del alma,
qué palabras reclaman su morada en mi boca?

Todo yo soy palabra,
     sin pretenderlo verso.
Renuevo cada día el fulgor de las hojas,
la pasión de la nube, el temblor de la savia
que alimenta mis ramas,
      soy el cáliz que espera
la lengua de la abeja
     con su polen de rosa.

XXXIV

¿Qué lugar necesita
la vida para ser un rincón habitable?

¿Qué sitio la palabra
para yacer tranquila?

Aquí, mi corazón
—alondra tempranera,
que busca las semillas entre surcos y cepos,
ignorante del daño, soñando la partida—
solo sabe de amor
y tantas otras cosas que pronunciar no sabe.

Ese lugar que busca
la vida es mi lugar,
territorio común, invernadero
de alas y de almas,
dormitorio y dormida de pájaros y sueños
que emigran y retornan.

Paradero sin nombre
serán los trinos
              mi corazón
                    la vida.

XXXV

En la palabra *fin* yace tanto infinito,
cuánta muerte habitable.

En la mitad del hielo sueñan arder las llamas.
No se pierde la luz, aunque llegue la noche.

Tras el telón que baja
                            seguirá la tragedia
cotidiana del mundo.

Cuando emigran los pájaros, con el vuelo dibujan
su regreso en el aire.

Lleva la piedra escrita un epitafio mudo.

Mi alma sabe de temor y esperanza,
camina hacia el futuro sin llorar el pasado.

Mi corazón es ola que sueña con morirse
junto al acantilado, levadura de sal
golpeando insistente el débil espigón
del mañana en mi pecho.

Toda mi vida es mar, dehesa en primavera,
arrecife y encina que sabe del otoño,
con profundas raíces
y lluvia en la mirada.

Todo lo que preciso
para morir
                naciendo
                            cada día.

XXXVI

Desnudo nada más,
vestido de palabras.
La luz no necesita ni requiere disfraces.
Es la vida quien busca a veces un refugio
por detrás de la máscara,
quien silenciosa zurce el pico de los pájaros,
quien el grito sofoca salvaje del arroyo.

Desnudo nada más,
a la intemperie de todas las preguntas
que me lluevan del mundo,
sin cobijo ni excusa
                        frente al sol,
frente a los miedos.

Desnudo nada más,
                        sin equipaje
que lastre la partida.
Que el atadillo de mi viaje sea
todo el amor que dejo
sembrado en el camino.

Desnudo como el lúgano.

Así quiero llegar
                        a no sé dónde,

pero llegar desnudo como el aire,
como la flor
          y el árbol
que en su savia renacen
sin memoria del frío
hacia la primavera.

DEDICATORIAS

Los siguientes poemas son para:

I (GRATITUD) Basilio Sánchez
II (PRISAS) Efi Cubero
III (CONSCIENCIA) Luis Miguel Sanmartín
IV (SER AQUÍ, ESTAR AQUÍ) Plácido Ramírez
V (CORAZÓN DE ÁRBOL) Elena García
VI (TIEMPO) José M. Vivas
VII (PLENITUD) José Iniesta
VIII (NADA) Juanma Cardoso
IX (POZO) Jesús Mª. Gómez
X (TODO) María Ángeles Pérez
XI (UNA SONRISA) Carmen de Tena
XII (ROSTROS) Manuel Pecellín
XIII (TRINOS AL OCASO) José A. Olmedo
XIV (ANOCHECER EN MAYORGA) Adrián Tejeda
XV (USURPACIÓN DE LAS SOMBRAS) Perfecto Herrera
XVI (CUANDO LLLEGA LA NOCHE) Faustino Lobato
XVII (CIÉNAGA) Lola López
XVIII (DINERO) Roberto Moral
XIX (AGUA) Lola Núñez
XX (CAOS) Juan Manuel González
XXI (RETORNO) Emilia González
XXII (VOCES) José Manuel Sito
XXIII (TÚ) Maribel Bazaga

XXIV (ANHELOS) Eugenio Sánchez
XXV (BELLEZA) Sandra Martínez
XXVI (PERSECUCIÓN) Víctor M. Jiménez
XXVII (RÍO) Fco. Javier Benítez
XXVIII (BÚSQUEDA) Manu Salitre
XXIX (HORMIGAS) Lázaro Caldera
XXX (CERTEZAS) Antonio Maqueda
XXXI (FAROS) Santiago Méndez
XXXII (ABANDONO) Milagrosa Ortega
XXXIII (PALABRAS) Patrocinio Sayago
XXXIV (UN LUGAR) Miguel Murillo
XXXV (FIN) Juan Gordillo
XXXVI (DESNUDO) Pedro *Monty*

De todos y cada uno de vosotros he aprendido y, sin duda alguna, me habéis ayudado a seguir creciendo literariamente y, sobre todo, como persona. Vaya pues mi cariño y agradecimiento en estos versos

ÍNDICE